I0059016

2027 (5)

A. F.
5009

40

INSTRUCTION PUBLIQUE.

FACULTÉ DE DROIT DE STRASBOURG.

ACTE PUBLIC,

SUR

LA SUBROGATION DES CRÉANCES,

Soutenu à la Faculté de Droit de Strasbourg, Jeudi 22 Mai 1817, à quatre heures de relevée,

POUR OBTENIR LE GRADE DE LICENCIÉ EN DROIT,

PAR

JEAN-JACQUES-FÉLIX ADAM,

BACHELIER EN DROIT ET ÈS LETTRES,

DE STRASBOURG (DÉPARTEMENT DU BAS-RHIN).

STRASBOURG,

De l'imprimerie de LEVRAULT, impr. de la Faculté de Droit.

1817.

A MON PÈRE ET A MA MÈRE,

FÉLIX ADAM.

M. HERMANN, Doyen de la Faculté de Droit, Chevalier de l'Ordre royal de la Légion d'Honneur.

EXAMINATEURS :

MM. HERMANN,
  FRANTZ,
  THIERIET DE LUYTON, } Professeurs.
  BLŒCHEL, Suppléant.

La Faculté n'entend approuver ni désapprouver les opinions particulières aux Candidats.

DE LA SUBROGATION
DES CRÉANCES.

Quod ab Ennio positum in una re, transferri in multas potest.
Homo qui erranti comiter monstrat viam,
Quasi lumen de suo lumine accendat, facit;
Ut nihilominus ipsi luceat, cum illi accenderit.
Una enim ex re satis præcipitur, ut quidquid sine detrimento
possit commodari, id tribuatur cuique vel ignoto.

CICERO, *de officiis*, l. 1.ᵉʳ, §. 16.

CHAPITRE I.ᵉʳ

De la subrogation en général.

§. 1.ᵉʳ

Définition et subdivision.

LE mot *subrogation*, pris dans son acception la plus étendue, comprend l'idée de succession d'une personne à une autre personne, d'une chose à une autre chose.

Elle est par conséquent personnelle ou réelle.

La subrogation réelle à lieu « quand une chose prend la place de « l'autre, et est réputée de même nature et qualité, pour appartenir « aux mêmes personnes auxquelles celle-là appartenoit.[1] »

La subrogation personnelle a lieu « quand une personne est « subrogée à une autre personne; quand l'une succède et entre « au lieu et place de l'autre, pour exercer ses droits et actions, « c'est-à-dire, ses droits, ou personnels, ou hypothécaires, ou pri- « vilégiés.[2] »

La subrogation est encore universelle ou particulière, selon

---

[1] RENUSSON, Tr. de la subr. ch. 1.ᵉʳ, n.° 1.ᵉʳ
[2] RENUSSON, *ibid*.

qu'elle embrasse une universalité de biens, de droits et actions, ou qu'elle se borne à quelques biens ou droits particuliers.

On trouve un exemple de la subrogation d'une personne à une autre personne, pour droits universels, dans l'adition d'hérédité, qui contient universalité de biens et un droit universel : *Nihil aliud hereditas, quam successio in universum jus quod defunctus habuit.* [1]

' Ainsi nous voyons l'héritier institué, ou l'héritier *ab intestat*, prendre la place du défunt, entrer en possession de ses biens, en jouissance de ses droits et actions.

La loi 70, §. 3, *ff. de legatis secundo*, et les deux lois suivantes, nous offrent un exemple de subrogation d'universalité des biens.

Il y a plusieurs sortes de subrogation personnelle : il y avoit dans le droit canon la subrogation en matière bénéficiale; il y a la subrogation des criées; une loi, en forme d'instruction, du 10 Juillet 1791 [2], consacre une autre espèce de subrogation personnelle entre les acquéreurs de biens nationaux.

La subrogation qui forme l'objet de cette dissertation, est la subrogation des créances, que l'on appelle communément de nos jours *subrogation*.

La subrogation des créances est un changement, une transfusion, pour me servir d'une expression fort juste de DUMOULIN, par laquelle un nouveau créancier remplace un ancien créancier qu'il désintéresse, dans ses droits, actions, priviléges et hypothèques : *Subrogatio est transfusio unius creditoris in alium.* [3]

« C'est, dit RENUSSON, une fiction par laquelle celui qui a « prêté nouvellement ses deniers, est réputé entré au lieu et place « du créancier qu'il a payé, pour exercer ses mêmes droits. [4] »

---

1. L. 24, *ff. de verb. signif.*
2 §. 1.er, art. 6.
3 DUMOULIN, *Tract. usur. et redit. quæst.* 57, n.° 276.
4 RENUSSON, ch. 1.er, n.° 10.

Quoique la subrogation des créances nous ait été transmise par les Romains, ils ne se servoient point, pour l'exprimer, du terme *subrogatio*; ils employoient pour cela différens noms; ils disoient: *in locum priorum creditorum succedere, substitui, successio, substitutio, cessio actionum, beneficium cedendarum actionum, beneficium mandandarum actionum.* [1]

Mais, comme ces différens termes convenoient également à d'autres matières du Droit, et que leur emploi prête souvent un sens équivoque aux décisions des lois romaines, on a préféré s'en tenir exclusivement au verbe *subrogare* (que d'autres écrivent *surrogare*), que l'on a trouvé plus spécial, plus clair et plus explicatif.

L'usage de ce mot se trouve dans le droit canon, qui lui donne un sens assez analogue à celui qu'il a dans le droit civil; c'est une succession d'une personne à une autre, un changement par lequel une personne est mise en la place d'une autre : ce que nous appelons *subrogation en matière bénéficiale.* [2]

La subrogation des créances se divise en conventionnelle et légale.

La subrogation *conventionnelle*, qui s'opère également par l'autorité de la loi, est celle qui, en outre, a besoin pour exister d'une stipulation entre les personnes dont la loi exige le concours pour que la subrogation soit parfaite. [3]

La subrogation *légale* est celle qui se fait de plein droit, sans qu'il y ait besoin de subrogation [4] : *Inest tacite juris intellectu et legis potestate.*

La subrogation conventionnelle a été établie uniquement pour l'utilité du débiteur : il arrive souvent qu'un débiteur malheu-

---

[1] *Tit. ff. qui potior. in pign. habeantur. Tit. Cod. eod.*
[2] Corps de droit canon. Sexti decret. lib. II, tit. 8, cap. II.
[3] Code civ., art. 1250.
[4] Code civ., art. 1251.

reux, maltraité par un créancier fâcheux et dur, cherche à rendre sa position moins triste, en se donnant un nouveau créancier moins exigeant que le premier. La loi lui fait trouver une ressource dans la subrogation ; elle présente en même temps au tiers qui voudroit payer pour lui toutes les sûretés que sa prudence peut réclamer. Mais l'intention de ce tiers est indécise. Veut-il simplement obliger le débiteur, sans avoir d'autre action pour revendiquer son argent qu'une action personnelle? ou veut-il succéder aux priviléges et hypothèques de l'ancien créancier? La loi demande qu'en ce dernier cas il déclare son intention, et le fait qu'elle exige de lui, est la stipulation de subrogation.

La subrogation légale est aussi établie pour l'utilité du débiteur; mais la loi y a principalement en vue les intérêts de celui qui paie la dette : comme ce dernier doit être, dans le sens de l'article 1251 du Code civil, intéressé à ce que la dette soit acquittée, il obtient de droit le bénéfice de la subrogation, que le législateur a rendu pour lui indépendant de toute stipulation, et la faveur dont il l'environne est bien clairement désignée par l'expression *au profit*, qui se trouve au commencement de l'article 1251, et qui est comme répétée à chacun de ses paragraphes.

Le Droit romain reconnoissoit une troisième espèce de subrogation, qui tient le milieu entre la subrogation légale et la subrogation conventionnelle; c'est la subrogation opérée par l'autorité du juge : *Si in te jus fisci, cum reliqua solveres debitoris pro quo satisfaciebas, tibi competens judex adscripsit et transtulit, ab his creditoribus, quibus fiscus potior habetur, res quas eo nomine tenes, non possunt inquietari.* [1]

Cette subrogation judiciaire avoit aussi lieu dans l'ancienne jurisprudence françoise, mais elle n'existe plus de nos jours. [2]

---

1 L. 7, *C. de privilegio fisci.*
2 FERRIÈRE, Dictionn.

§. 2.

Comparaison entre la subrogation et la cession et transport.

Des caractères d'analogie, assez spécieux au premier abord, semblent confondre la subrogation, et la cession et transport : il est d'autant plus utile de signaler les nuances qui les distinguent, qu'on se laisse facilement tromper aux couleurs de ressemblance qu'elles ont entre elles.[1]

Cette erreur n'est, au vrai, que le résultat d'une confusion de mots : la subrogation et la cession et transport ont été l'une et l'autre qualifiées de *vente* par le Droit romain, qui appelle aussi la subrogation *beneficium cedendarum actionum*.

La cession et transport est une véritable vente, d'après les lois romaines et le Code civil.[2]

La subrogation ressemble à une vente, mais n'en est réellement pas une. DUMOULIN nous représente la subrogation, non pas comme une véritable vente, mais comme un moyen de conserver les priviléges et hypothèques. *Licet creditor dicat se cedere, vendere jus suum, tamen hoc non intelligitur fieri ad transferendum dominium, sed solum hypothecam in cessionarium, quia non censetur emere et pecuniam dare dominii acquirendi causa, sed gratia servandi pignoris.*[3]

La subrogation transfère bien un droit semblable à l'ancienne dette, mais ses effets ne vont pas au-delà; ce *jus simile* n'est pas la dette même : *sed hæc actio non est eadem in essentia cum prima.* Et si les lois romaines nous disent qu'il faut envisager la subrogation comme une vente; que la subrogation qui est faite

---

1 FERRIÈRE, Dictionn.

2 L. 3, ff. de hered. et actione vend. Code civ., art. 1692.

3 DUMOULIN, *Tract. usur. quæst.* 49, n.° 446.

par un créancier avec subrogation à ses droits et actions, en faveur d'un tiers, est réputée n'être pas tant un paiement qu'une vente que ce créancier est réputé faire de sa créance et de tous les droits qui en dépendent, à celui de qui il reçoit le montant de la dette : *non enim in solutum accepit, sed quodammodo nomen debitoris vendidit*[1]; remarquez bien cet adverbe *quodammodo*, qui corrige, pour ainsi dire, ce que le verbe *vendidit* pouvoit avoir d'un peu trop hardi.

Comme la cession et transport est une vente, le créancier qui cède et transporte ses droits et actions au nouveau créancier qui le remplace, est garant de la solvabilité du débiteur : cette garantie n'a pas lieu dans la subrogation.[2]

La cession et transport a été introduite pour l'utilité du créancier; la subrogation, pour l'utilité du débiteur : la cession et transport dépend essentiellement de la volonté du créancier; la subrogation est parfaite sans la volonté du créancier : la cession et transport peut se faire malgré le débiteur; la subrogation ne peut avoir lieu contre le consentement du débiteur. « Tel, dit MERLIN, « veut une cession pour se procurer un garant, et tel une subro- « gation pour conserver les hypothèques du créancier; en un « mot, donner à la subrogation toute la force de la cession, c'est « identifier deux droits qui n'ont pas le moindre rapport ensemble. »

§. 3.

Comparaison entre la subrogation et la délégation.

Il est également bon de dire un mot de la différence qui existe entre la subrogation et la délégation, qui est aussi une cession de droits et actions, une succession d'une personne à une autre.

[1] L. 56, ff. de fidejussoribus.
[2] Instr. facile sur les conventions, p. 445. — MERLIN, Rép. de jurisprudence sect. 5, §. 1.er — DENISART, mot Subrogation, §. 17.

La délégation consiste dans la cession qu'un débiteur fait à son créancier d'un autre débiteur en son lieu. *Delegare est vice sua alium reum dare creditori.*[1]

La délégation diffère de la subrogation, en ce qu'elle a besoin, pour exister, du consentement du créancier qui reçoit la délégation, du consentement du débiteur qui délègue, du consentement du débiteur qui est délégué.

Dans la subrogation, au contraire, on peut se passer, comme il a déjà été dit, du consentement du créancier, et celui du débiteur n'est pas nécessaire quand la subrogation se fait de plein droit.

Delegatio debiti, nisi consentiente et stipulante promittente debitore, jure perfici non potest. Nominis autem venditio, et ignorante vel invito eo, adversus quem actiones mandantur, contrahi solet.[2]

CHAPITRE II.

Des personnes qui concourent dans la subrogation.

Trois personnes concourent dans la subrogation:

1.º Le créancier qui est payé;

2.º Le tiers qui paie et qui est subrogé;

3.º Le débiteur.

Ces personnes peuvent être, ou des personnes publiques, ou des particuliers.

§. 1.er

Les personnes publiques sont:

Le Roi;

Le gouvernement ou l'État;

Les communes;

---

[1] L. 11, *de novationib. et delegationib.*

[2] L. 1, *Cod. de novat. et delegationib.*

Le trésor public ;

Les administrations ;

Les établissemens publics.

Ces personnes interviennent dans la subrogation par leurs représentans.

1.° Le Roi est représenté par un intendant général. [1]

2.° Le gouvernement ou l'Etat est représenté par le Préfet dans l'arrondissement duquel sont ouverts les droits qui font l'objet de la subrogation.

3.° Les communes sont représentées par les fonctionnaires publics désignés par la loi du 29 Vendémiaire an 5 et la loi du 24 Germinal an 11.

4.° Le trésor public est représenté par ses agens. [2]

5.° Les administrations publiques, comme celle des domaines et de l'enregistrement, sont représentées par les administrateurs de la régie à laquelle appartient l'affaire dont il s'agit. [3]

6.° Les établissemens publics, comme les colléges royaux, les hospices, sont représentés par leurs administrateurs.

§. 2.

Des personnes privées ou des particuliers.

Les personnes privées peuvent, relativement à la subrogation, être distinguées en deux espèces.

Celles de la première espèce ont à la fois la jouissance et l'exercice de leurs droits.

Celles de la seconde ont seulement la jouissance de leurs droits, et n'en ont pas l'exercice, lequel est confié à d'autres personnes qui les représentent et qui agissent en leur nom.

---

1 Sénatus-consulte du 30 Janvier 1810, art. 13, 23 et 31.

2 Code de procéd. civ., art. 69, §. 2.

3 *Ibid.* §. 3.

ARTICLE Ier

Des personnes qui ont à la fois la jouissance et l'exercice
de leurs droits.

Ces personnes sont :

1.° Le majeur de vingt-un ans ;[1]

2.° Le mineur émancipé, pour certains actes de pure administration, qu'il peut faire sans l'assistance d'un curateur.

Le majeur peut intervenir dans la subrogation, et comme créancier, et comme tiers subrogé, et comme débiteur.

Quant au mineur, s'il peut intervenir dans la subrogation par
lui-même ou par son curateur, nous allons proposer les questions suivantes, auxquelles viendront se rattacher des décisions
puisées dans le Code civil :

1.° Le mineur émancipé peut-il concourir par lui-même à la
subrogation, comme créancier?

2.° Le mineur émancipé peut-il concourir par lui-même à
la subrogation, comme tiers subrogé ?

3.° Le mineur émancipé peut-il concourir par lui-même à la
subrogation, comme débiteur empruntant des deniers pour payer
le créancier, et la subrogation qu'il feroit en faveur du tiers prê-
teur, seroit-elle valable sans l'assistance de son curateur?

Voici les réponses à ces trois questions,

1.° Il faut distinguer :

Ou il s'agit du paiement des revenus,

Ou il s'agit d'un capital mobilier.

Dans le premier cas, le mineur peut agir par lui-même, puisque
la loi lui permet de donner décharge.[2]

Dans le second, il ne le peut, sans l'assistance de son curateur;

---

1 Code civil, art. 488.

2 Code civil., art. 481.

car la faculté de donner décharge d'un capital mobilier, de le recevoir même, lui est interdite. [1]

Mais il peut arriver un cas, dira-t-on, celui où le capital mobilier provient des économies du mineur émancipé; il semble qu'alors il doit lui être permis de recevoir le paiement de cette somme qu'il a prêtée, et d'en donner décharge. Cette somme provient de ses revenus, et il a le droit de disposer librement de ses revenus, *jus utendi et abutendi.*

A cela on peut répondre que les revenus placés deviennent des capitaux mobiliers, dont la loi ne souffre pas que le mineur émancipé donne décharge sans l'assistance de son curateur, et la disposition de l'art. 482 est beaucoup trop formelle pour qu'on puisse admettre une exception.

2.° Le mineur émancipé peut être subrogé en la place du créancier qu'il paie pour le débiteur, sans l'assistance du curateur; la loi ne lui défend nullement de rendre sa condition meilleure. Or, s'il trouve une occasion de placer avantageusement son argent, en obtenant une sûreté pour le remboursement de ses deniers, pourquoi la loi lui interdiroit-elle cette faculté, qui rentre d'ailleurs dans la classe des actes de pure administration?

3.° Le mineur émancipé ne peut faire d'emprunts, sous aucun prétexte, sans une délibération du Conseil de famille, homologuée par le tribunal de première instance, après avoir entendu le Procureur du Roi. [2]

Pour terminer ce qui doit être dit relativement au mineur émancipé, il faut rappeler cette disposition du Code, par laquelle « le mineur émancipé, qui fait un commerce, est réputé majeur « pour les faits relatifs à ce commerce. [3] »

---

1 Code civ., art. 482.
2 Code civ., art. 483.
3 Code civ., art. 487.

Article II.

Des personnes qui ont la jouissance de leurs droits, ou de certains droits, sans en avoir l'exercice.

Ces personnes sont :

1.° Les accusés contumaces ;

2.° Les condamnés par contumace ;

3.° Les condamnés contradictoirement à peine non emportant mort civile ;

4.° Les morts civilement ;

5.° Les mineurs non émancipés ;

6.° Les mineurs émancipés pour certaines actions ;

7.° Les interdits ;

8.° Ceux qui sont mis par la loi sous l'assistance d'un conseil ;

9.° Les femmes mariées.

1.° Les accusés contumaces.

Les biens de l'accusé contumace sont séquestrés , et leur administration confiée au domaine : ainsi il est représenté par le Directeur des domaines de son domicile. [1]

2.° Les condamnés par contumace.

Le condamné par contumace est représenté par ceux à qui l'administration provisoire de ses biens a été accordée. [2]

3.° Les condamnés contradictoirement à peine non emportant mort civile.

Ils sont représentés par un curateur. [3]

4.° Les morts civilement.

Le mort civilement n'est pas tellement étranger aux affaires de la société, qu'il ne puisse jamais y intervenir ; tel est, en fait de

---

[1] Code d'instruct. crimin., art. 466.

[2] Code civ., art. 28. Code d'instruct. crimin., art. 471.

[3] Code pénal, art. 29.

subrogation, le cas où il auroit à prétendre les arrérages d'une pension alimentaire [1], et qu'il seroit obligé de subroger en ses droits et actions le tiers, qui le paieroit en la place du débiteur: dans ce cas, le tribunal lui nommeroit un curateur pour agir en son nom. [2]

5.° Les mineurs non émancipés.

a) Si le mineur est conçu, mais pas né, son père vivant le représentera, ou à défaut, le curateur au ventre.

b) Si le mineur est né, son tuteur légitime, testamentaire ou datif, le représentera.

6.° Les mineurs émancipés.

Nous avons déjà parlé, à l'article I.er, de ce qui les concerne.

7.° Les interdits.

Les interdits pour cause de démence, d'imbécillité ou de fureur, que la loi assimile aux mineurs, quant à leur capacité, sont représentés par un tuteur. [3]

8.° Ceux qui sont mis par la loi sous l'assistance d'un conseil.

Ce sont les prodigues, qui sont représentés par un conseil judiciaire. [4]

9.° Les femmes mariées.

Il faut distinguer les cas suivans :

1) La femme est commune en biens.

2) Il y a exclusion de communauté.

3) La femme est séparée de biens.

4) Les époux sont mariés sous le régime dotal, et il s'agit des biens dotaux de la femme.

5) Les époux sont mariés sous le régime dotal, et il s'agit des biens paraphernaux de la femme.

---

1 Code civ., art. 25.
2 Ibidem.
3 Code civ., art. 505.
4 Code civ., art. 513.

6) La femme est marchande publique.

Voici les décisions de ces cas :

1) Le mari, étant administrateur de la communauté, représente la femme. [1]

2) La décision est la même que la précédente. [2]

3) La femme peut agir par elle-même. [3]

4) Le mari représente la femme, puisqu'il a l'administration des biens dotaux pendant le mariage. [4]

5) La femme peut agir par elle-même. [5]

6) La femme peut agir par elle-même, pour ce qui concerne son négoce. [6]

CHAPITRE III.

Des cas qui peuvent se présenter relativement à la subrogation.

Nous allons offrir, en forme de questions, une série des cas principaux qui peuvent se présenter relativement à la subrogation; à la suite de chacune de ces questions se trouvera la réponse correspondante: ces décisions seront prises dans les lois romaines, dans l'ancienne jurisprudence et dans la nouvelle.

§. 1.er

Première Question.

La subrogation a-t-elle lieu de plein droit au profit du codébiteur solidaire et de la caution qui ont payé le créancier, ou doit-elle être stipulée ?

---

1 Cod. civ., art. 1421.

2 *Ibidem*, art. 1530, 1531.

3 *Ibid.* art. 1449.

4 *Ibid.* art. 1549.

5 *Ibid.* art. 1576.

6 *Ibid.* art. 220.

Décision.

Cette question a été fort discutée par Dumoulin et Pothier, et par chacun dans un sens différent.

Le premier prétendoit qu'un codébiteur solidaire, une caution, étoient, en payant ce qu'ils devoient avec d'autres ou pour d'autres, subrogés de plein droit aux créanciers qu'ils désintéressoient, qu'ils n'avoient pas besoin de requérir la subrogation : sa raison est qu'ils doivent tous être présumés n'avoir payé qu'à la charge de cette subrogation, personne ne pouvant être présumé négliger ses droits et y renoncer.[1]

Pothier se sert contre Dumoulin d'un principe émis par ce jurisconsulte lui-même ; ce principe est qu'il ne se fait pas de subrogation de plein droit, à moins que la loi ne s'en explique : *non transeunt actiones, nisi in casibus jure expressis*[2] ; et pour prouver la juste application de ce principe au cas dont il s'agit ici, il appuie son opinion de l'autorité de plusieurs lois romaines[3], dont Dumoulin interprétoit le sens d'une façon entièrement opposée. Ces lois décident que le fidéjusseur, qui a manqué en payant de se faire subroger, n'a pas d'action contre ses cofidéjusseurs ; « ce qui suppose bien clairement qu'il n'est pas subrogé de plein « droit », ajoute Pothier.

L'opinion de Dumoulin trouva nombre de partisans et de contradicteurs. Quoi qu'il en soit, suivant Pothier, « l'on a con-« tinué d'enseigner dans les écoles et de pratiquer au barreau, « qu'un codébiteur solidaire, de même que les cautions, n'étoient « subrogés aux actions du créancier que lorsqu'ils avoient requis « la subrogation. »

---

1 Dumoulin, *Lectione prima Dolana.*

2 *Lectione prima Dolana, n.°* 41.

3 I. 76, *ff. de solut.* L. 39, *ff. de fidej.* I. 11, *C. cod.*

Malgré ces considérations, l'opinion de DUMOULIN a été consacrée par le Code civil, qui accorde la subrogation de plein droit à ceux qui acquittent une dette dont ils sont tenus avec d'autres ou pour d'autres [1]. Cette disposition est regardée par MALEVILLE comme fondée sur l'équité. [2]

Si les lois romaines n'accordoient pas la subrogation de plein droit au codébiteur solidaire et à la caution, elles les environnoient de toutes sortes d'autres faveurs.

Plusieurs lois romaines disent qu'on pourroit refuser le paiement, si le créancier refusoit de consentir la subrogation. Il y a plus encore; lorsque, par suite d'un mandat, un mandataire avoit fourni une certaine somme d'argent à une tierce personne, si ce mandataire s'étoit mis par sa faute hors d'état de céder ses actions au mandant, ce dernier étoit déchargé envers lui : *Si creditor a debitore culpa sua causa ceciderit, prope est ut actione mandati nihil a mandato consequi debeat, cum ipsius vitio acciderit, ne mandatori possit actionibus cedere*[3]. Cette disposition, qui, d'après le Droit romain, ne regardoit que les *mandatores pecuniæ credendæ*, a été étendue par le Code civil à la caution, qui est déchargée, lorsque la subrogation aux droits, hypothèques et priviléges de ce créancier, ne peut plus, par le fait de ce créancier, s'opérer en faveur de la caution.[4]

La faculté qu'avoit un fidéjusseur de contraindre le créancier à lui céder ses actions contre le débiteur principal et les autres fidéjusseurs, formoit ce qu'on appeloit *beneficium cedendarum actionum* : troisième bénéfice que les lois romaines accordoient aux fidéjusseurs; le premier étant celui d'ordre, et le second, celui

---

[1] Code civ. art. 1251, §. 5; art. 2029, 2033.
[2] MALEVILLE, sur l'art. 1251.
[3] L. 95, §. 11, *ff. de solut.*
[4] Code civ. art. 2037.

de division. Lors donc que le créancier refusoit de consentir la cession d'actions au moment du paiement, sur la demande qui lui en étoit faite, on pouvoit avoir recours à l'autorité de la justice, et faire ordonner par le juge la cession d'actions, malgré le créancier. *Fidejussoribus succurri solet, ut stipulator compellatur ei, qui solidum solvere paratus est, vendere cæterorum nomina*[1]. Ces termes *cæterorum nomina* comprennent à la fois le principal débiteur et les cofidéjusseurs.

La loi romaine dit qu'une telle disposition est bien juste, que le créancier doit y satisfaire, et qu'il doit accorder la cession de ses actions, puisque la subrogation ne lui fait aucun préjudice. *Creditor debet præstare actionem quam habet*[2] ; et plus bas, à l'endroit cité : *Cui enim non æquum videbitur, vel hoc saltem consequi emptorem, quod sine dispendio creditoris futurum est ?* et comme dit la glose sur la loi 1.re, *C. de contrario judicio tutelæ : Sic actio, quæ erit inutilis cedenti, erit utilis ei cui cessa est.*

Si l'on objectoit que les dispositions des lois romaines dont il vient d'être fait mention, ne regardent que les fidéjusseurs, puisque les textes préallégués ne nomment pas les codébiteurs, on peut répondre que, lorsque plusieurs se sont obligés solidairement à la même dette, quoique chacun des coobligés soit contraint de payer le tout, chacun n'est débiteur principal que pour sa part et est caution des autres pour leur part[3], et que, par conséquent, sous le nom de *fidejussores*, il faut entendre à la fois les codébiteurs et les cautions.

Ici se présente la question de savoir si le §. 3 de l'article 1251 concerne le codébiteur qui, n'étant pas obligé solidairement au

---

1 L. 17, *ff. de fidejussoribus.*
2 L. 38, *ff. de evictionibus.*
3 RENUSSON, Traité de la subrogation, ch. 7, n.° 68.

paiement d'une dette, a cependant payé la totalité de la dette : est-il subrogé de plein droit au créancier qu'il paie, ou doit-il stipuler la subrogation ? Le Code civil ne décide point cette question : il semble qu'il faudroit, à cet égard, s'en rapporter à l'autorité de RENUSSON [1], qui pense que le codébiteur non solidaire, qui a payé la totalité de la dette, paie comme un étranger, c'est-à-dire, comme toute autre personne qui ne seroit point du nombre des coobligés. En suivant cette opinion, il faudroit que le codébiteur stipulât la subrogation : en effet, l'article 1251 ne donne la subrogation de plein droit qu'à ceux qui ont payé une dette *qu'ils avoient intérêt d'acquitter*. Il faut avouer qu'un tel sentiment seroit plus conforme à la lettre de la loi : mais, d'un autre côté, on doit convenir que l'opinion qui tendroit à accorder la subrogation de plein droit, est plus propre à engager les codébiteurs à l'extinction totale de la dette à laquelle ils sont tenus, quoique sans solidarité; ce qui est plus convenable au bien de la société.

§. 2.

Deuxième Question.

Un codébiteur solidaire, une caution, qui ont payé la totalité de la dette, et qui sont, par conséquent, subrogés aux droits du créancier, peuvent-ils agir solidairement et poursuivre leur remboursement contre chacun des autres coobligés, leur part déduite ou confuse, ou ne peuvent-ils contraindre chacun des obligés que pour sa part ?

Décision.

Ce point de droit a été vivement débattu par les anciens jurisconsultes ; on ne manquoit pas, de part et d'autre, de raisons pour soutenir les opinions contraires qu'il avoit fait naître.

Les uns pensoient que le subrogé, ayant pris la place du créan-

---

1 RENUSSON, chap. 7, n.° 67.

cier, devant succéder à tous ses droits et actions, pouvoit exercer contre chacun des coobligés la même solidarité que le créancier dont il occupoit la place, sa part déduite néanmoins.

D'autres, et leur opinion étoit beaucoup plus raisonnable, prétendoient qu'en admettant ce principe sans modifier ce qu'il peut avoir de trop rigoureux, on donneroit lieu à une foule d'inconvéniens et d'embarras : chacun des codébiteurs, étant tenu solidairement de la dette, pourroit, après avoir payé son codébiteur, et à raison de cette solidarité, exiger de son coobligé la totalité de la dette, sa part déduite, et le coobligé qui l'auroit payée, pourroit prétendre la même chose d'un quatrième coobligé, qui poursuivroit à son tour le codébiteur subrogé ; ce seroit un circuit d'actions : *Per circuitum quodammodo extinguitur actio.*

Ce dernier sentiment est celui de RENUSSON [1] et de POTHIER [2]: le premier, à l'endroit cité, nous donne l'espèce de deux arrêts dont le dispositif vient à l'appui de son opinion. Ces dispositions ont été consacrées depuis par le Code civil, pour les codébiteurs solidaires et pour les cautions. [3]

§. 3.

Troisième question.

Si, parmi les coobligés solidairement au paiement d'une dette, il en est un insolvable, le coobligé subrogé aux droits du créancier qu'il a payé, peut-il exiger d'eux toute la part de l'insolvable ?

Décision.

« L'équité ne permet pas, dit POTHIER [4], qu'ayant acquitté seul « la dette commune, je porte seul cette insolvabilité. »

---

1 RENUSSON, chap. 8.
2 POTHIER, des oblig. n.° 281.
3 Cod. civ., art. 1215, 1214, 2033.
4 POTHIER, des obligations, n.° 281.

D'un autre côté, l'on peut dire aussi que l'équité ne permet pas que les autres coobligés soient seuls tenus de la portion de l'insolvable, tandis que le subrogé n'éprouvera aucune portion du dommage. Un sage législateur devoit donc établir un juste milieu entre ces deux extrêmes ; l'opinion de POTHIER est, que l'insolvabilité doit se répartir entre le subrogé et les autres coobligés. Cette disposition a été suivie par le Code civil, qui l'applique également aux cautions. ¹

§. 4.

Quatrième question.

Un tuteur qui paie de son argent une dette du mineur, son pupille, est-il subrogé de plein droit au créancier qu'il met hors d'intérêt?

Décision.

RENUSSON ² ne pense pas que le tuteur qui paie un créancier de son pupille, lui soit subrogé de plein droit ; il en apporte pour raison que le tuteur, en payant la dette de son pupille, est censé payer des deniers du mineur, et non des siens : « ayant fait le paie-« ment en qualité de tuteur de son mineur, il éteint la dette. » La disposition de l'article 450 du Code civil a consacré l'opinion de RENUSSON, en ordonnant que le tuteur représente la personne du mineur dans tous les actes civils. RENUSSON est d'avis que cette subrogation ne pourroit également pas avoir lieu, quand même le tuteur la stipuleroit avec le créancier du pupille : en effet, le tuteur, représentant le mineur dans tous les actes de l'état civil, seroit censé être subrogé contre lui-même. Le Code civil défend au tuteur d'accepter la cession d'aucun droit ou créance contre son pupille, de sorte que, dans le cas présent comme dans le précé-

---

1 Code civ. art. 1214 : art. 2026, conféré avec l'art. 2033.
2 RENUSSON, chap. 9, n.° 21.

dent, le tuteur, s'il a réellement payé de son propre argent la dette du pupille, a seulement ce qu'on appelle en Droit romain *contrariam actionem tutelæ*, et les rentes ne courront au profit du tuteur qu'à dater del'époque du compte rendu lors de la majorité du pupille et du jour de la sommation de payer qui aura suivi la clôture du compte. RENUSSON trouve un tempérament à la rigueur du droit : selon lui, un tuteur qui veut affranchir son pupille des poursuites de son créancier, peut assembler le conseil de famille, pour lui demander son acquiescement à la subrogation, et, d'après l'autorisation qu'il en a obtenue, stipuler la subrogation, non pas comme tuteur, mais comme un étranger qui auroit prêté ses deniers à un débiteur qui lui consent la subrogation.

Ce remède peut n'être pas désavantageux à un pupille; mais les termes du Code civil sont trop formels pour qu'il soit possible de l'admettre de nos jours.

Nous allons examiner une question dont l'idée doit naturellement s'offrir ici : Un tuteur qui a payé à son pupille une somme qu'il lui devoit conjointement avec son cotuteur, est-il subrogé de plein droit à son pupille ?

Cette question n'a plus, de nos jours, le même degré d'intérêt que chez les Romains, où ce cas devoit se représenter fort souvent. Il arrivoit communément qu'on donnoit plusieurs tuteurs à un pupille. Les cotuteurs étoient solidairement obligés à l'égard du pupille ; la loi les mettoit mutuellement dans le même rapport que des cofidéjusseurs; ils jouissoient, comme ces derniers, du bénéfice de division : *et siquidem omnes simul gesserunt tutelam, et omnes solvendo sunt, æquissimum erit dividi actionem inter eos, pro portionibus virilibus, exemplo fidejussorum* [1]. Comme eux, encore, ils avoient le bénéfice de la subrogation; mais ils étoient obligés de la stipuler, de même que les fidé-

---

[1] L. 1, §. 11, *ff. de tut. et rat. distrah.*

jusseurs : *et si forte quis ex facto alterius tutoris condemnatus præstiterit, vel ex communi gestu, nec ei mandatæ sunt actiones, constitutum est a Divo Pio, et ab Imperatore nostro et Divo patre ejus, utilem actionem tutori adversus contutorem dandam.* [1]

D'après notre législation moderne, un subrogé tuteur, qui se trouveroit dans le cas prévu par l'article 1442 du Code civil, et qui paieroit à lui seul le montant des condamnations prononcées au profit du mineur, seroit subrogé de plein droit à l'action du pupille contre l'époux survivant. [2]

Il est un autre cas où cette disposition de l'article 1251 peut également avoir lieu ; c'est dans l'espèce présentée par l'article 396 : le second mari, cotuteur de la mère, est tenu avec elle des reliquats de compte que le pupille pourroit leur demander à l'époque de sa majorité, et si l'un d'eux paie au pupille devenu majeur tout ce dont il est tenu solidairement avec l'autre, il sera subrogé aux droits du mineur contre son cotuteur, sans qu'il ait besoin de requérir la subrogation.

§. 5.

Cinquième question.

Une rente due par l'un des conjoints, avant le mariage, est rachetée dès deniers de la communauté : l'autre conjoint est-il subrogé au créancier de la rente pour moitié, et cette subrogation se fait-elle de plein droit ?

Décision.

Les articles 244 et 245 de la coutume de Paris avoient décidé que la subrogation devoit, en ce cas, avoir lieu de plein droit. Elle avoit sagement prévu que le mari, débiteur d'une rente, et

[1] §. 13, *ff. eod.*
[2] Code civ. art. 1251, §. 3.

qui, en qualité d'administrateur de la communauté, devoit payer la dette dont elle étoit tenue, pourroit, par négligence, lorsqu'il feroit le rachat de la rente, négliger de stipuler la subrogation ; alors la femme perdoit les sûretés qu'elle auroit pu avoir de la subrogation, en la place du créancier, pour moitié de la rente : mais si la femme avoit la subrogation de plein droit, le mari jouissoit du même bénéfice. *Maritus si gentilitium quidem uxoris latifundium luerit, absolveritque annuo vectigali pecuniario, dimidiatim succedit in jus creditoris, qui communi conjugum ære dimissus est.* [1]

Le Code civil ne contient point de disposition expresse à cet égard ; mais comme, en adoptant le système de la communauté, il a consacré la plupart des principes qu'il a trouvés dans la coutume de Paris, on n'avance pas une opinion bien hasardée en disant que la subrogation, dans le cas dont il s'agit ici, a également lieu de plein droit, comme dans l'ancienne jurisprudence : d'ailleurs, en approfondissant le sens du §. 3 de l'article 1251, on verra que la communauté qui a payé le capital d'une rente due par l'un des deux époux, et dont elle est tenue aux termes de l'article 1409, est subrogée aux droits du créancier contre l'époux qui devoit la rente ; et, par conséquent, cette rente, à l'époque de la dissolution de la communauté, courra au profit de l'autre conjoint, mais pour la moitié seulement.

§. 6.

Sixième question.

Un créancier postérieur, qui paie un autre créancier qui le précède en l'ordre du temps, est-il subrogé de plein droit au créancier plus ancien par le paiement, ou est-il obligé de stipuler la subrogation ?

---

1 René Chopin, sur la coutume de Paris, liv. 1.er, t. 1.er, nombre 14.

Décision.

Les lois romaines établissoient une grande différence entre les créanciers chirographaires et les créanciers hypothécaires.

Les premiers ne succédoient pas de plein droit aux droits et actions du créancier qu'ils désintéressoient. *Simplex chirographarius non confirmabit sibi pignus, neque in locum succedet prioris creditoris hoc ipso quo de pecunia sua creditori exsolvit, aut illam debitori numeravit, ut ille solveret creditori eumque dimitteret; sed opus est nominatim actum sit inter ipsum et debitorem, vel hypothecarium, cui solvit, ut in pignus succedat.* [1]

La subrogation avoit, au contraire, lieu de plein droit au profit du créancier hypothécaire, qui en désintéressoit un autre qui lui étoit préférable. Comme, parmi les créanciers hypothécaires, le plus ancien avoit seul le droit de faire vendre l'immeuble hypothéqué, la loi romaine, pour compenser ce que ce bénéfice pouvoit avoir de désavantageux aux autres créanciers, leur accordoit le droit d'offrir. Ce droit d'offrir, *jus offerendi*, consistoit dans la faculté qu'avoit un créancier hypothécaire d'offrir à un créancier qui lui étoit préférable, *potiori creditori*, la somme due, et, en cas qu'il refusât de la recevoir, d'en faire la consignation entre les mains du magistrat, ce qui lui acquéroit la subrogation [2]. La subrogation avoit donc lieu au profit d'un créancier hypothécaire par le seul fait du paiement, et même de l'offre de paiement. *Si paratus est posterior creditor priori creditori solvere quod ei debetur, videndum est, an competat ei hypothecaria actio, nolente priore creditore pecuniam accipere; et dicimus priori creditori inutilem esse actionem, cum per eum fiat, ne ei pecunia solvatur.* [3]

Le motif de cette faveur, que la loi romaine accordoit aux créanciers hypothécaires, et qu'elle refusoit aux créanciers chirogra-

---

[1] ANT. PEREZIUS, *Prælect. in lib.* 8, C. 19, n.° 4.

[2] L. 5, *ff. de distract. pignor.; L.* 22, *C. de pignorib.*

[3] L. 11, §. 4, *ff. qui potior. in pignore.*

phaires, est bien facile à comprendre : ces derniers, n'ayant point les biens du débiteur engagés, étoient loin d'être aussi intéressés à la vente de l'immeuble hypothéqué que les hypothécaires, qui avoient intérêt à obtenir les droits du créancier premier inscrit ; ce créancier pouvant seul vendre l'immeuble engagé et faire des frais qui en consommassent la valeur.

Quoique, dans l'ancienne jurisprudence françoise, il fût permis à tous créanciers hypothécaires de faire saisir les biens de leur débiteur et de les faire vendre par autorité de justice, le droit d'offrir avoit néanmoins été conservé ; comme, dans le Droit romain, les créanciers hypothécaires avoient seuls la subrogation de plein droit. [1]

Le Code civil ne fait aucune différence entre les créanciers hypothécaires et les chirographaires : il accorde indistinctement la subrogation de plein droit à celui qui, étant lui-même créancier, paie un autre créancier qui lui est préférable à raison de ses privilèges et hypothèques ; peu importe que ce créancier soit hypothécaire ou simple chirographaire. [2]

Une question qui est peu importante aujourd'hui, mais qui a été vivement agitée autrefois, est : si la subrogation s'opéroit de plein droit au profit de celui qui, même sans être créancier, payoit un créancier privilégié [3]. On s'est appuyé, pour soutenir ce sentiment, de l'autorité de la loi suivante : *Eorum ratio prior est creditorum, quorum pecunia ad creditores privilegiarios pervenit* [4]. Mais le fisc avoit une créance privilégiée, et, cependant, il falloit l'autorité du juge pour être subrogé au fisc en le payant. [5]

Le Code civil semble accorder la subrogation de plein droit

---

1 RENUSSON, chap. 4, n.ºs 19, et suiv. ; FERRIÈRE, Dictionn. mot *Offrir*.
2 Code civ. art. 1251, §. 1.er
3 RENUSSON, ch. 3.
4 L. 24, §. 3, *ff. de rebus auctoritate judic. possid.*
5 L. 7, *C. de priv. fisci.*

à l'égard de certains priviléges dont il est parlé en l'article 2103 ; mais il exige, pour que la subrogation soit parfaite, l'accomplissement de certaines formalités, qui en font plutôt une subrogation conventionnelle qu'une subrogation légale. (Voyez le chap. IV.)

§. 7.

Septième question.

Le tiers-acquéreur d'un héritage, qui paie les créanciers de son vendeur, est-il subrogé de plein droit aux actions et priviléges de ces créanciers, sans qu'il ait stipulé la subrogation ; et, dans ce cas, la subrogation doit-elle avoir effet sur tous les biens du vendeur, ou n'a-t-elle son effet que sur la chose acquise ?

Décision.

La solution de cette question, d'après les lois romaines, repose sur l'explication de deux lois qui ont causé beaucoup de difficultés aux jurisconsultes ; voici le texte de la première de ces deux lois : *Eum, qui a debitore suo prædium obligatum comparavit, eatenus tuendum, quatenus ad priorem creditorem ex pretio pecunia pervenit* [1]. Ceux qui étoient contraires à l'opinion que l'acquéreur succédoit de plein droit aux créanciers de son vendeur, s'étayoient de cette loi : cette loi, disoient-ils, parle d'un acquéreur qui est en même temps créancier, et non du simple acquéreur ; elle accorde la subrogation de plein droit au créancier hypothécaire qui en paie un autre. L'intention de cette loi, il faut l'avouer, n'est pas tout-à-fait claire ; mais en voici une autre qui l'est davantage : *Si potiores creditores pecunia tua dimissi sunt, quibus obligata fuit possessio quam emisse te dicis, ita ut pretium perveniret ad eosdem priores creditores, in jus eorum successisti ; et contra eos, qui inferiores illis fuerunt, justa defensione te tueri potes.* [2]

---

1 L. 17, ff. qui potior in pignore.
2 L. 3, C. de his qui in prior. creditor. loc. succed.

Mais cette subrogation ne s'étendoit pas au-delà de la chose acquise, et si l'acquéreur vouloit que ses effets s'étendissent sur tous les biens du vendeur hypothéqués au créancier qu'il mettoit hors d'intérêt, il falloit pour cela une stipulation expresse ; cette opinion résulte naturellement d'une méditation réfléchie des deux lois ci-dessus citées. [1]

Le Code civil [2] accorde la subrogation de plein droit à l'acquéreur d'un immeuble qui emploie le prix de son acquisition au paiement des créanciers auxquels cet héritage étoit hypothéqué ; il ne dit pas que la subrogation est limitée à l'immeuble acquis, lorsqu'elle se fait sans stipulation expresse à cet égard. Il semble que les règles de l'ancienne jurisprudence doivent encore être suivies de nos jours ; elles reposent sur une observation fort juste : si le tiers-acquéreur, en payant les créanciers de son vendeur, n'a manifesté aucun désir d'avoir hypothèque sur les autres biens de celui-ci, il est censé n'avoir eu pour but que de faire cesser le trouble qui lui étoit fait, ou de le prévenir, et de s'assurer la possession de la chose acquise ; s'il exige plus de sûretés encore, c'est à lui à le déclarer. Il y a néanmoins des auteurs qui pensent que la subrogation ne se borne pas à l'immeuble acquis.

§. 8.

Huitième question.

L'héritier qui a payé les dettes d'une succession, est-il subrogé aux droits du créancier qu'il a payé de plein droit, ou doit-il requérir la subrogation ?

Décision.

Il faut distinguer entre l'héritier par bénéfice d'inventaire et l'héritier pur et simple.

---

1 RENUSSON, ch. 5, n.° 51 et suiv.
2 Code civ. art. 1251, §. 2.

L'héritier par bénéfice d'inventaire, qui paie les créanciers de la succession, est subrogé de plein droit, par le Code civil[1], aux créanciers de la succession qu'il a désintéressés par le bénéfice d'inventaire; il a acquis l'avantage que ses biens personnels ne seront pas confondus avec ceux de la succession; il conserve contre elle la faculté de réclamer le paiement de ses créances : l'hérédité demeure également débitrice, de même qu'elle l'étoit avant le paiement; il est de toute justice qu'il reprenne sur la succession ce qu'il a payé pour elle, et qu'il succède aux lieu et place du créancier.

Cette disposition est entièrement conforme à l'ancienne jurisprudence. RENUSSON pense qu'elle doit également avoir lieu au profit du curateur à une succession vacante qui en a payé les dettes de ses deniers propres[2] : le Code civil ne renferme pas de décision formelle à cet égard; mais, en assimilant le curateur à l'héritier bénéficiaire, il laisse assez entendre qu'il a droit à la même faveur.[3]

La subrogation a encore lieu de plein droit au profit du légataire particulier qui a payé les créanciers auxquels le bien qui lui a été légué se trouve hypothéqué[4] : il peut, en vertu de cette subrogation, exercer l'action qui appartenoit à l'ancien créancier, soit contre les héritiers, soit contre les légataires universels et à titre universel. Il peut exercer aussi l'action hypothécaire. Mais cette subrogation n'a lieu qu'au cas où l'héritier a été expressément chargé par le testateur de dégager le fonds légué des hypothèques dont il est grevé; sans cette déclaration, loin que le légataire soit subrogé au créancier, l'héritier qui a payé le créancier a un recours contre le légataire.[5]

---

1 Cod. civ. art. 1251, §. 4; art. 802.
2 RENUSSON, chap. 7, n.° 76 et suiv.
3 Code civ. art. 814.
4 Code civ. art. 874.
5 Code civ. art 1020.

Il existe dans le Droit romain une disposition semblable[1] : lors-qu'une dette au paiement de laquelle étoit affecté un immeuble légué à titre de fidéicommis, avoit été acquittée par l'héritier fidéi-commissaire, la loi le subrogeoit aux droits du créancier contre l'héritier chargé du fidéicommis. *Poterit fideicommissarius per doli exceptionem a creditoribus, qui hypothecariam secum age-rent, consequi, ut actiones sibi exhiberentur, quod quanquam suo tempore non fecerit, tamen per jurisdictionem præsidis pro-vinciæ id ei præstabitur.*

Quant à l'héritier pur et simple, il est, d'après le Code[2], ainsi que dans l'ancienne jurisprudence[3], obligé, pour avoir la subro-gation, de la stipuler avec les créanciers qu'il acquitte : mais cette subrogation ne peut jamais donner à l'héritier pur et simple, comme à l'héritier bénéficiaire, le droit de poursuivre ses cohéritiers au-delà de la part et portion de chacun d'eux ; une disposition contraire donneroit lieu à un *circuit d'actions.*

§. 9.

Neuvième question.

Un étranger peut-il contraindre le créancier à recevoir le paic-ment qu'il veut lui faire pour le débiteur, et à le subroger à sa place ?

Décision.

Un étranger dans la subrogation est celui qui n'a aucun inté-rêt personnel à ce que la dette soit acquittée : *extraneum voco; alium a debitore.*

Un étranger peut contraindre le créancier à recevoir la dette

---

1 *L.* 57, *ff. de legatis primo.*
2 Code civ. art. 875.
3 Renusson, ch. 7, n.° 75.

qu'il veut lui payer, et, à son refus, consigner la somme qui fait l'objet de la dette : *Sicut debitor offerendo constituit creditorem in mora, et deponendo vel consignando liberatur ipso jure, ita si quis alius pro eo sine mandato offerat sive consignet, est naturalis æquitas, ut alium pro eo solvendo liberare possimus.* ɩ Ce paiement peut se faire à l'insçu et même malgré le débiteur, parce que la loi ne considère ici que son avantage, y fût-il opposé lui-même. ɩ

Si la loi autorise un étranger à contraindre le créancier à accepter son paiement, c'est dans la vue d'améliorer le sort du débiteur; mais, si l'étranger ne se porte à cette action que par spéculation, s'il veut être subrogé au créancier qu'il paie, la loi exige que ce soit de l'aveu du débiteur qu'il demande la subrogation : autrement elle permet au créancier de se refuser au paiement. *Nemo cogitur invitus extraneo debitum cedere.* ɜ

La jurisprudence du Code civil est parfaitement conforme aux lois romaines : « Une obligation peut même être acquittée par un « tiers qui n'y est point intéressé, pourvu que ce tiers agisse au « nom et en l'acquit du débiteur, ou que, s'il agit en son nom « propre, il ne soit pas subrogé aux droits du créancier. ɜ »

§. 10.

Dixième question.

Un étranger qui paie la dette d'un débiteur, peut-il être subrogé par le créancier sans le consentement du débiteur ?

Décision.

Rien n'empêche un créancier de disposer à son gré de ses droits

---

ɩ DuMOULIN, *Tract. usur. quæst.* 45, n.° 331.

ɩ Pr. I. *quibus mod. tollitur obligatio.*

ɜ *Gloss. in L.* 5, *C. de solutionib.*

ɜ Code civ. art. 1236.

et actions; il peut les transporter à qui il lui plaît, sans demander le consentement du débiteur, et malgré lui. Mais cet acte n'est plus alors une subrogation véritable; c'est une cession et transport, une vente : *intelligentia dictorum ex causis est absumenda, quia non sermoni res, sed rei est sermo subjectus.* Ce seroit un bénéfice accordé au créancier, mais pouvant devenir fort désavantageux au débiteur : *non esset liberatio, sed creditoris mutatio; hoc captiosum esset debitoribus, quorum interest inscios non mutare creditores, quos nonnunquam habent proprios, ne forte cogantur incidere in manus avari et intractabilis.*[1]

Il faut conclure, avec RENUSSON[2], l'auteur de l'Instruction facile sur les conventions[3], et plusieurs autres jurisconsultes, que la subrogation faite par le créancier sans le consentement du débiteur n'est pas valable. Cette décision ne paroît cependant pas conforme au §. 1.er de l'article 1250 : ce paragraphe semble admettre l'affirmative; il ne met point le consentement du débiteur pour condition indispensable. Il faut pourtant suppléer au silence du Code à cet égard, si l'on ne veut tenir une opinion absolument contraire à l'esprit de la subrogation.

§. 11.

Onzième question.

Réciproquement, la subrogation peut-elle être consentie par le débiteur, sans le consentement du créancier ?

Décision.

Si la subrogation faite par le créancier sans le consentement

---

1 DUMOULIN, *Tract. usur. quæst.* 44, n.° 352.
2 RENUSSON, ch. 10, n.° 22.
3 Page 447.

du débiteur n'est pas valable, il n'en est pas de même de celle faite par le débiteur sans le consentement du créancier. ¹

Cette subrogation a lieu lorsqu'un débiteur emprunte d'un étranger les deniers avec lesquels il effectue le paiement de sa dette, et qu'il subroge ce tiers à la place du créancier. Cette manière de subroger avoit été consacrée par un édit de HENRI IV, du mois de Mai 1609, qui porte que, quand un étranger prête ses deniers au débiteur pour acquitter un créancier privilégié ou qui a d'anciennes hypothèques, il peut se faire subroger en son lieu et place. Cet édit a été rédigé d'après le titre du Code (*de his qui in priorum creditorum locum succedunt*): *Si tertius ipsi debitori pecuniam credat, solvendam primo creditori et de pignoris ejus successione paciscatur, jus quidem pignoris sibi confirmavit, sed pro illa tantum pecunia quam credidit et quæ soluta est priori.* ²

Malgré la règle, que l'étranger qui veut succéder aux droits du créancier qu'il paie doit stipuler la subrogation, la Cour de cassation a jugé que la subrogation du bailleur de fonds au privilége du créancier payé avec ces fonds, pouvoit résulter de la certitude de l'emploi des fonds à l'objet pour lequel ils ont été empruntés sans stipulation expresse de subrogation. Mais il s'agissoit, dans l'espèce jugée, d'une subrogation au privilége du fisc, au préjudice des créanciers chirographaires du débiteur : la faveur due au trésor a pu seule déterminer les juges pour cette exception. ³

La faveur due au commerce a fait établir une disposition du même genre pour ceux qui, en cas de protêt d'une lettre de change, l'ont acquittée en la place du tireur ; la tierce personne qui opère ce paiement, est subrogée de droit en la place du por-

---

¹ Cod. civ. art. 1250, §. 2.
² ANT. PEREZ. *Prælect. in lib. 8 Cod. tit.* 19.
³ Arr. de la C. de C. du 9 Sept. 1806.

teur, sans aucune stipulation. Cette disposition a été introduite par l'ordonnance de 1673[1], et le Code de commerce l'a confirmée.[2]

§. 12.

Douzième question.

La subrogation, soit légale, soit conventionnelle, a-t-elle lieu à l'égard de ceux qui étoient obligés à la même dette en qualité de cautions ?

Décision.

Cette question a été fort agitée par les anciens jurisconsultes, qui s'appuyoient, de part et d'autre, de textes de lois romaines[3] que chaque parti interprétoit d'une manière différente. RENUSSON, qui traite cette question avec beaucoup d'étendue[4], se décide pour l'opinion négative : il cite jusqu'à cinq arrêts qui établissent l'affirmative ; il en cite ensuite plusieurs autres sur lesquels il fonde son sentiment. Quoi qu'il en soit, l'affirmative a été confirmée par un arrêt en forme de réglement, du 6 Juillet 1690, rendu par le Parlement de Paris. Quoique RENUSSON fût attaché à cette dernière Cour, il regardoit néanmoins comme plus conforme aux principes de la justice, cette disposition d'un arrêt du Parlement de Rouen[5], où il est dit que « l'obligation du pleige est « éteinte quand la dette est payée par le principal obligé, lequel, « néanmoins, peut subroger celui qui a baillé les deniers pour « acquitter sa dette à l'hypothèque d'icelle sur ses biens seule- « ment, et non sur ceux du pleige. » FERRIÈRE[6] et BRETONNIER[7]

---

1 Ordonn. de 1673, tit. 5, art. 3.
2 Code de Comm. art. 158 et 159.
3 L. 23, ff. de hered. vel actione vendita ; L. 156, §. 2, ff. de regulis juris.
4 RENUSSON, Tr. de la subrog. chap. 13.
5 Arrêt du 6 Avril 1666, art. 152.
6 FERRIÈRE, Dictionn.
7 BRETONNIER. Quest. de droit, art. Subrogat. conventionn.

sont du même avis : malgré les raisons qu'ils alléguoient en faveur de la négative , l'affirmative a été consacrée par le Code civil. [1]

§. 13.

Treizième question.

La subrogation aux droits d'un créancier qui n'a reçu le paiement que d'une partie de la dette, peut-elle lui préjudicier ? peut-elle empêcher qu'il ne soit payé de ce qui lui reste dû, préférablement au subrogé qui a fourni les deniers au débiteur ?

Décision.

Deux lois romaines ont servi d'argument aux jurisconsultes pour prouver que la subrogation d'un tiers ne doit point porter préjudice au créancier qui n'a été payé qu'en partie [2]. DUMOULIN déduit de ces lois le principe suivant : *Creditor non videtur cessisse contra se.* [3]

L'opinion négative sur cette question repose sur les règles de la saine équité. Il faudroit tenir pour l'affirmative, s'il ne s'agissoit que d'une cession et transport : par la raison que cette dernière est une véritable vente que le créancier fait de ses droits et actions , il est tenu à toutes les obligations d'un vendeur ; il ne peut faire valoir ce qui lui reste encore de droits qu'après que le cessionnaire a fait valoir les siens. Mais cette règle ne s'applique nullement à la subrogation [4]. Le Code civil l'a ainsi décidé : « La « subrogation, dit-il, ne peut nuire au créancier, lorsqu'il n'a été « payé qu'en partie ; en ce cas, il peut exercer ses droits pour ce

---

1 Code civ. art. 1252, §. 1.er
2 L. 6, *ff. de pecul. legato ; I. de leg.* §. 20.
3 DUMOULIN, *Tract. usur. quæst.* 89, n.° 670.
4 RENUSSON, chap. 15.

« qui lui reste dû, par préférence à celui dont il n'a reçu qu'un
« paiement partiel. »[1]

§. 14.

Quatorzième question.

Plusieurs particuliers ont prêté leurs deniers à un débiteur,
pour s'acquitter envers son créancier qui a reçu sa dette par par-
ties et en différens temps ; tous ont stipulé la subrogation aux
droits de celui-ci : viendront-ils par concurrence sur les biens du
débiteur, ou bien y aura-t-il entre eux quelque préférence ?

Décision.

Comme le Code civil ne décide point cette question, il faut
remonter à l'ancienne jurisprudence pour la résoudre. La loi 7 *ff.*
qui potiores, est le point de départ des jurisconsultes pour soutenir l'opinion que tous ces particuliers viennent par concurrence.
L'espèce de cette loi est la suivante. Les deniers de deux mineurs ont servi à payer un créancier hypothécaire. ULPIEN décide que ces deux pupilles viendront par concurrence sur la chose
hypothéquée, au *prorata* de la somme pour laquelle chacun
d'eux a contribué à payer le créancier. *Idemque est si ex nummis
pupilli fuerit res comparata; ambo in pignus concurrent pro
his portionibus quæ in pretium rei fuerint expensæ: quod si res
non in totum ex nummis cujusdam comparata est, erit concur-
sus utriusque creditoris, id est, antiquioris et ejus cujus nummis comparata est.*

RENUSSON[2] et MERLIN pensent qu'il doit y avoir une parfaite
égalité entre une première et une dernière subrogation, et que

---

1 Code civ. art. 1252.
2 RENUSSON, Tr. de la subrog. chap. 16. MERLIN, Répert. de jurisprud.
sect. 3, §. 7. Ils citent plusieurs arrêts.

la préférence d'un créancier sur l'autre ne sauroit avoir lieu que dans le cas de cession et transport, où le créancier est en possession de disposer de ses droits et actions ainsi que bon lui semble. Dans la subrogation, au contraire, tout doit tendre vers une parfaite égalité entre les personnes subrogées. « Si la dernière sub- « rogation étoit préférable à la première, dit Merlin, rarement « un débiteur pourroit-il commencer son premier paiement. »

Une maxime qui vient naturellement s'appliquer au cas dont il s'agit ici, est, que la cause seule fait toute l'excellence des priviléges : *Non ex tempore, sed ex causa.*

§. 15.

Quinzième question.

Quel effet la subrogation a-t-elle pour le subrogé ? Se borne-t-elle à la succession aux hypothèques du créancier, ou bien, la créance passe-t-elle en ses mains avec le droit de percevoir les fruits et revenus que percevoit le premier créancier ?

Décision.

Cette question a été décidée pour l'affirmative par les lois romaines [1] et par plusieurs jurisconsultes dont le nom a une grande autorité en jurisprudence. Ces lois parlent d'un second créancier qui offre au premier la somme due ; elles disent qu'il succède à tous les droits et actions du premier, mais qu'il n'acquiert point le droit de demander les arrérages des arrérages, chose formellement prohibée par le droit : *Secundus creditor, offerendo priori creditum, confirmat sibi pignus, et a debitore sortem ejusque tantum usuras quæ fuissent præstandæ, non etiam usurarum usuras accipere potest.* [2]

---

1 L. 12, §. 6, *ff. qui potiores in pignore habeant.*
2 L. 22, *C. de pignoribus et hypothec.*

Le sens de cette loi indique clairement que le subrogé succède au créancier, non-seulement pour le principal, mais encore pour les intérêts : et qu'on ne dise pas que la loi ne parle ici que d'un cas, celui où un second créancier paie un premier ; ce texte doit également se rapporter à l'espèce d'un étranger qui paie le créancier. « Nos lois, dit Renusson, n'ont pas admis des subrogations « de différentes natures ; celle qui se fait de plein droit, et celle « qui vient de la convention, ont même effet, et font passer égale- « ment au subrogé les droits du créancier qu'il a payé. » *An iste cessionarius possit a debitore vel aliis possessoribus reditum exigere? Videtur indubitatum quod sic, quemadmodum poterat cedens : cum in omne jus illius successerit.* [1]

Le Code ne renferme rien de formel à cet égard ; mais, en disant que la subrogation conventionnelle et légale a lieu dans les droits des créanciers, il laisse assez entendre que le subrogé a aussi droit aux intérêts.

CHAPITRE IV.

Des formalités exigées pour la subrogation.

La subrogation légale a lieu indépendamment de toute formalité; il suffit, pour qu'elle s'opère, qu'il soit évident par la quittance que le créancier a été payé des deniers de N...., désigné par la loi comme pouvant obtenir la subrogation de plein droit.

Il n'en est pas de même de la subrogation conventionnelle; la loi, pour prévenir les fraudes qui pourroient en empêcher l'effet, a cru devoir environner cet acte de formalités qui offrissent plus de sûreté à la tierce personne.

1.° Lorsque la subrogation est faite par le créancier à la tierce personne, la loi exige les deux formalités suivantes :

---

1 Dumoulin, *Tract. usur. quæst.* 49, n.° 341.

1.° Que la subrogation soit expresse [1], c'est-à-dire, que dans la quittance il soit déclaré que le paiement est fait entre les mains du créancier, des deniers de la tierce personne, au nom et de l'aveu du débiteur qui lui consent la subrogation [2], et que le créancier le subroge en ses droits, actions, priviléges et hypothèques;

2.° Qu'elle soit faite en même temps que le paiement.

Cette disposition est parfaitement juste : en effet, le créancier doit saisir le moment où il est maître encore de ses droits et actions pour les céder à un autre; le paiement une fois fait, ils ne lui appartiennent plus, il ne peut plus en disposer : *et ita exstincta obligatione hoc innuit, exstinguendam, non jam exstinctam actionem cedi posse* [3]. Après le paiement fait, les choses ne sont plus entières; le créancier qui a été payé n'a plus de droits par-devers lui, et la cession qui en seroit faite seroit vaine et inutile : [4] *Nemo dat quod non habet.*

Lorsque la subrogation est faite par le débiteur à la tierce personne qui lui prête des deniers, la loi exige la condition suivante :

Qu'il apparoisse de la manière la plus évidente que le paiement a été effectué des deniers de la tierce personne, pour qu'on ne puisse pas soupçonner que le débiteur a payé avec d'autres deniers que ceux qui lui ont été fournis avec clause de subrogation.

Pour remplir cette condition, la jurisprudence ancienne a établi que les deniers du nouveau créancier seront fournis au débiteur avec stipulation faite par acte passé devant notaires, qui précède le paiement ou qui soit de même date; que le débiteur emploîra les deniers au paiement de l'ancien créancier; que celui qui les prête sera subrogé aux droits de l'ancien créancier; que,

---

1 Code civ. art. 1250, §. 1.ᵉʳ
2 Code civ. art. 1236.
3 *Gloss. in L.* 1, *C. de contrario jud. tutelœ.*
4 Renusson, chap. 12, n.° 25.

dans la quittance ou l'acte qui en tiendra lieu, qui sera aussi passé devant notaires, il sera fait mention que le remboursement a été fait des deniers fournis à cet effet par le nouveau créancier, sans qu'il soit besoin que la subrogation soit consentie par l'ancien créancier, ou qu'elle soit ordonnée en justice.

Ces dispositions appartiennent à un arrêt en forme de réglement du 6 Juillet 1690, et ont été adoptées par le Code civil. Les fondemens de cette jurisprudence avoient déjà été jetés par l'édit de Henri IV, du mois de Mai 1609, qui veut que dans l'obligation ou dans le contrat de constitution que le débiteur fait à son profit, il soit fait mention que les deniers empruntés seront employés au paiement d'une telle dette, et que, dans la quittance que l'ancien créancier donne au débiteur, il y ait une déclaration que la somme payée provient des deniers empruntés d'un tel.

RENUSSON vouloit que le paiement se fît incontinent après l'emprunt, et il étayoit son opinion de l'autorité d'une loi romaine [1] ; mais, le Code ne parlant point de cette condition, on doit croire qu'elle n'est point indispensable : cela n'empêche pas d'établir que le paiement doit avoir lieu le plus tôt possible après l'emprunt. Les auteurs sont partagés sur l'intervalle de temps qu'on peut laisser entre l'emprunt et le paiement [2]. L'arrêt du Parlement de Paris, ni celui de Rouen, ne déterminent rien à cet égard. Le meilleur est de stipuler dans l'acte d'emprunt que l'emploi des deniers sera fait dans un certain temps, ainsi qu'on le fait ordinairement.

Il est parlé dans le Traité de la subrogation, de RENUSSON, d'une autre manière de subrogation, qu'il regarde comme la plus sûre : c'est lorsque l'étranger prête ses deniers au débiteur, mais ne lui en confie pas l'emploi ; qu'il paie lui-même le créancier, et en

---

[1] L. 24, ff. §. 3, de rebus auctorit. jud. possid.
[2] BRETONN. Quest. de droit. art. Subrog. convent.

retire quittance et déclaration de subrogation : ce mode rentre dans le sens du §. 1.ᵉʳ de l'article 1250, dont la disposition renferme assez de garantie pour n'avoir pas besoin de recourir à la précaution que Renusson nous indique, et qui étoit fort bonne de son temps.

La subrogation conventionnelle n'acquiert pas de plein droit les hypothèques de l'ancien créancier au nouveau qui l'a payé, si ce dernier n'a la précaution de s'en faire délivrer les titres et les pièces justificatives : il doit, en outre, faire inscrire la mention de la subrogation qui lui est consentie, en marge de l'inscription de la créance, sur le registre des hypothèques. S'il ne remplissoit pas cette formalité, il se verroit en danger de perdre son hypothèque ; cela dépendroit du créancier, qui, en donnant la mainlevée de l'inscription, la feroit rayer du registre des hypothèques, et dégageroit ainsi les biens hypothéqués.[1]

Il nous reste à dire un mot des formalités que la loi exige pour la subrogation à certains priviléges.

1.° Lorsqu'une personne a prêté des deniers pour l'acquisition d'un immeuble.

Il faut distinguer :

Ou elle a prêté ses deniers à l'acquéreur, qui a fait ensuite le paiement au vendeur ;

Ou elle a fourni directement les deniers au vendeur.

Dans le premier cas, la loi exige qu'il soit authentiquement constaté par l'acte d'emprunt que la somme étoit destinée à cet emploi, et, par la quittance du vendeur, que ce paiement a été fait des deniers empruntés.[2]

Dans le second cas, ces deux formalités ne sont point nécessaires ; elles ne sont de rigueur que pour opérer la subrogation sans la participation du vendeur.

1 Instruct. fac. sur les conv. p. 448.
2 Code civ. art. 2103, §. 2.

2.° Lorsqu'une personne a prêté les deniers pour payer ou rembourser les ouvriers.

La même distinction que ci-dessus est encore à établir; et la loi exige, dans ce cas comme dans l'autre, les mêmes conditions pour que la subrogation puisse avoir lieu.[3]

Ce que le Code civil dit ici des ouvriers, s'applique également aux architectes, entrepreneurs, maçons, employés à édifier, reconstruire et réparer un bâtiment.

---

1 Code civ. art. 2103, §. 3.

www.ingramcontent.com/pod-product-compliance
Lightning Source LLC
Chambersburg PA
CBHW071415200326
41520CB00014B/3464